ALLGEMEINE THEORIE DER BESCHÄFTIGUNG, DES ZINSES UND DES GELDES

Ein revolutionärer Ansatz zur optimalen Ressourcennutzung

Zusammenfassung & Analyse
des Bestsellers von John Maynard Keynes

Verfasst von Alberto Bomba
Übersetzt von Mareike Lobeck

Non-Fiction kompakt   50MINUTEN.de

Non-Fiction kompakt

ALLGEMEINE THEORIE DER BESCHÄFTIGUNG, DES ZINSES UND DES GELDES

Ein revolutionärer Ansatz zur optimalen Ressourcennutzung

Zusammenfassung & Analyse

des Bestsellers von John Maynard Keynes

ALLGEMEINE THEORIE DER BESCHÄFTIGUNG, DES ZINSES UND DES GELDES

EIN REVOLUTIONÄRER SOZIALER ANSATZ ZUM ERREICHEN VON VOLLBESCHÄFTIGUNG

Nach sechs Jahren ununterbrochener Arbeit veröffentlichte John Maynard Keynes sein Werk *Allgemeine Theorie der Beschäftigung, des Zinses und des Geldes* am 5. Februar 1936. Es erschien damit einen Tag nach der Einweihung des Arts Theatre in Cambridge (England), dessen Errichtung er fast vollständig finanziert hatte. Seine Frau Lydia Lopokova (1892-1981) trat als Primaballerina in der Eröffnungsvorstellung auf und so wurde die Reihenfolge, die Keynes den Ereignissen zugeschrieben hatte, von einigen mit Amüsement betrachtet. Kurze Zeit später erlitt der britische Ökonom einen Herzinfarkt, woraufhin er bei der Arbeit kürzertreten musste. Dies hielt den Beginn der keynesianischen Revolution jedoch nicht auf.

Tatsächlich handelt es sich bei Keynes' *Theorie* um einen Schlüsseltext der Wirtschaftsgeschichte. Für ein umfassendes Verständnis sollte das Werk im Kontext von Keynes' Leben ebenso wie vor seinem gesamthistorischen Hintergrund betrachtet werden. Der Autor war Wirtschaftsprofessor in Cambridge, Intellektueller, ranghoher Staatsbediensteter, gewandter Theoretiker, Spekulant und leidenschaftlicher Theatergänger. Mit seinem Ansatz einer gesellschaftsfreundlicheren Ökonomie brach Keynes mit den bestehenden Wirtschaftstheorien.

Keynes' Werk richtete sich an seine Wirtschaftskollegen, die weiterhin an der klassischen Theorie festhielten, obwohl diese die Wirtschaftsprobleme der „echten" Welt (d. h. Arbeitslosigkeit, Konjunkturschwächen etc.) nicht lösen konnte. Die Nachwirkungen der Krise von 1929 waren zu Beginn der 1930er Jahre noch immer deutlich zu spüren und so hob Keynes hervor, dass die Tatsachen den Hypothesen der klassischen Theorie widersprechen.

Für die Laissez-faire-Politik, die lange – und laut Keynes zu Unrecht – als wirksames Mittel gegen die Arbeitslosigkeit verfolgt wurde, galt die klassische Theorie als eins der Hauptargumente. Keynes sah in den Theorien seiner Kollegen zwar keine „Fehler [...] im Überbau, der mit großer Sorge für logische Geschlossenheit errichtet worden ist" (S. ix), doch verwendeten sie abstrakte Beispiele und Einzelfälle, während Keynes dasselbe in einen allgemeineren Rahmen stellte.

Während sich die klassische Ökonomie vor allem mit den Gesetzen der Produktion beschäftigt hat, analysierte die keynesianische Ökonomie, wie die Bestandteile der aggregierten Nachfrage in Wirtschaftssystemen – das heißt der Konsum von Produkten und Dienstleistungen sowie Investitionen – in Zeiten von geringem Wachstum oder Rezession zusammenspielen. Keynes zeigte so, warum staatliches Eingreifen und Ankurbelungspolitik bei extremer Arbeitslosigkeit die wirksamsten Methoden sind, um Wirtschaftskrisen zu überwinden, selbst wenn dies ein Staatsdefizit bedeutet. Damit vertrat Keynes den Ansatz, dass Wirtschaft durchaus sozial sein kann.

Das Adjektiv „allgemein" im Titel deutete bereits an, dass die Wirtschaftswissenschaft fortan würde umdenken müssen. Keynes' Konzept des Gleichgewichts bei Unterbeschäftigung (nicht vollständige Nutzung der Ressourcen) bildete zwar das Kernstück in Keynes' immensem Theoriewerk, doch auch die „effektive Nachfrage" und die „Konsumneigung" stellten äußerst wichtige Elemente dar. Anhand dieser Konzepte kritisierte Keynes das naive Vertrauen in die Selbstregulierung des Marktes, obwohl die Erfahrung dem bereits widerspricht.

SCHLÜSSELINFORMATIONEN

- **Referenzwerk:** *The General Theory of Employment, Interest and Money*
- **Deutsche Version:** *Allgemeine Theorie der Beschäftigung, des Zinses und des Geldes*
- **Autor:** John Maynard Keynes (britischer Ökonom, geboren 1883 in Cambridge, gestorben 1946 in Firle, Großbritannien)
- **Erstausgabe: 1936**
- **Kontext:** Keynesianische Makroökonomie
- **Schlüsselwörter:**
  - Gleichgewicht bei Unterbeschäftigung:

Situation, in der trotz eines Gleichgewichts von Angebot und Nachfrage bei den Löhnen keine Vollbeschäftigung besteht

- Effektive Nachfrage: Summe der tatsächlich getätigten Ausgaben, die die Gesamteinkünfte eines Wirtschaftssystems bestimmt
- Konsumneigung: Beziehung zwischen den Einkünften einer Gesellschaft und den (Konsum-)Ausgaben
- Spekulation: riskantes Finanzgeschäft, bei dem unter Berücksichtigung der voraussichtlichen Marktfluktuation ein Gut in der Absicht gekauft wird, es später mit Gewinn weiterzuverkaufen

EINLEITUNG

Geburt eines Ökonomen

John Maynard Keynes wurde am 5. Juni 1883 in Cambridge geboren. Er war ein schüchterner, sehr intelligenter und bisweilen etwas arroganter Junge. Dank seiner schulischen Leistungen in Eton (England) wurde er am King's College in Cambridge aufgenommen, wo er Mathematik und Philosophie studierte. Auf Drängen des in Cambridge ansässigen bekannten Ökonomen Alfred Marshall (1842-1924) begann er sich ebenfalls ernsthaft der Ökonomie zuzuwenden.

Während seines Studiums trat Keynes den Cambridge Apostles bei, einer intellektuellen Geheimgesellschaft, der einige herausragende Persönlichkeiten der britischen Gesellschaft angehörten. Keynes verkehrte insbesondere mit Duncan Grant (schottischer Maler, 1885-1978), Philosophen wie Bertrand Russell (1872-1970) und George Edward Moore (1873-1958) und

Schriftstellern wie Lytton Strachey (1880-1932) und Virginia Woolf (1882-1941).

Keynes interessierte sich besonders für Politik und die Geschäftswelt und vertrat in beiden Bereichen einen recht pragmatischen Ansatz. Nach Abschluss seines Studiums legte er die Aufnahmeprüfung für den Staatsdienst ab und begann seine Laufbahn im India Office (ehemalige britische Regierungsbehörde während der Kolonialzeit).

Keynes' Anfänge als Autor

Da der Arbeitsaufwand im India Office äußerst gering war, nutzte Keynes seine Zeit, um einen ersten Entwurf einer Abhandlung über das indische Währungssystem (1913 unter dem Titel *Indian Currency and Finance* erschienen) und eine Arbeit über Wahrscheinlichkeitstheorie zu schreiben. Zwar hatte Keynes nie eine akademische Karriere angestrebt, dennoch kündigte er 1908, um am King's College als (zunächst unbezahlter) Dozent anzufangen.

Der erste Entwurf des späteren *Über Wahrscheinlichkeit* (*Treatise on Probability*) öffnete ihm die entsprechenden Türen und so begann er ein Jahr später, aktiv zu unterrichten und wurde bald darauf bezahlter Dozent (Fellow) für Volkswirtschaftslehre, festes Lehrstuhlmitglied am King's College und mit Marshalls Hilfe Chefredakteur des *Economic Journal* und Sekretär der Royal Economic Society.

Der Erste Weltkrieg als Wendepunkt

Das Ansehen, das Keynes dank der Veröffentlichung von *Indian Currency and Finance* erlangte, bereitete ihm den Weg in die Royal Commission on Indian Currency and Finance, wo er seinen beruflichen Erfolg fortsetzen konnte. Trotz der Vorbehalte seiner pazifistischen Freunde begann er kurz vor

Ausbruch des Ersten Weltkriegs (1914-1918) im Schatzamt zu arbeiten und blieb dort bis 1919. Sein offensichtlicher Ehrgeiz, die verschiedenen Probleme der Kriegsfinanzierung, insbesondere die Kreditverwaltung zwischen Großbritannien und den Alliierten, innovativ anzugehen, ermöglichten ihm Einblicke in die Abläufe von internationalen Verhandlungen.

Nach dem Krieg wurde Keynes zum Vertreter des britischen Schatzamtes ernannt und nahm 1919 an den Friedensverhandlungen in Paris teil. Da er seine Überzeugungen während der Verhandlungen nicht durchsetzen konnte, trat er jedoch noch vor Abschluss des Versailler Vertrags (1919) von seinem Posten zurück.

GUT ZU WISSEN: DER FRIEDENSVERTRAG VON VERSAILLES

Der Friedensvertrag von Versailles wurde während der Pariser Friedenskonferenz (1919-1920) unterschrieben. Er beendete offiziell den Ersten Weltkrieg und erlegte Deutschland die Zahlung von immensen Reparationszahlungen in Höhe von 132 Milliarden Mark auf. Dieser Betrag war jedoch wesentlich höher als alles, was irgendeine Nation zur damaligen Zeit realistisch hätte zahlen können.

Keynes schrieb daraufhin das Buch *Die wirtschaftlichen Folgen des Friedensvertrags* (*The Economic Consequences of the Peace*), das ihn in England in den Mittelpunkt des politischen Lebens rückte und zudem europaweit bekannt machte. Ungeachtet der Stimmen, die ihm vorwarfen, das britische Establishment zu verraten, zweifelte er darin öffentlich am gesunden Menschenverstand der Verhandlungsteilnehmer, die Deutschland dermaßen unverhältnismäßige Reparationszahlungen auferlegten. Er vertrat die Ansicht, dass solche scharfen Sanktionen den Weg für Armut, politischen Extremismus und Unruhen ebnen würden.

Nach dem Rücktritt von seinem Posten im Schatzamt wurde Keynes in die Verwaltungsräte der *Provincial Insurance Company* und der *National Mutual Life Assurance Society* aufgenommen, wo er bald den Vorsitz übernahm. Außerdem veröffentlichte er die definitiven Versionen von *Über Wahrscheinlichkeit* (1921) und *Ein Traktat über Währungsreform* (*Tract on Monetary Reform*) (1923).

Keynes und die Politik

In *Das Ende des Laissez-Faire: Ideen zur Verbindung von Privat- und Gemeinwirtschaft* (*The End of Laissez-Faire*) (1926) vertrat Keynes eine aktivere Rolles des Staats in der Wirtschaft, um so – gerade im Hinblick auf die Entstehung totalitärer Regime in Italien, Deutschland und der Sowjetunion – Gerechtigkeit, Freiheit und Leistungsfähigkeit miteinander zu verbinden. In dieser Zeit nahm er eine Stelle als Regierungsberater für ein von der Partei der Liberalen eingeführtes Projekt für öffentliche Bauarbeiten an, mit dem die Arbeitslosigkeit bekämpft werden sollte. Anfang der 1930er Jahre, als sich die britische Wirtschaftslage aufgrund der Weltwirtschaftskrise weiter verschlechterte, wurde Keynes Vorsitzender des Economic Advisory Council und Mitglied des Committee on Finance and Industry. Zudem veröffentlichte er die Abhandlung *Vom Gelde* (*Treatise on Money*) (1930).

<u>**GUT ZU WISSEN: DIE WELTWIRTSCHAFTSKRISE**</u>

Die Weltwirtschaftskrise bezeichnet die weltweite Rezession, die auf den New Yorker Börsenkrach vom 24. bis 29. Oktober 1929 folgte. Diese beiden Eckdaten sind auch als Schwarzer Donnerstag und Schwarzer Dienstag bekannt. Aufgrund der Dauer, des Ausmaßes und der Anzahl der betroffenen Länder wird diese Krise als eines der größten Wirtschaftsereignisse des 20. Jahrhunderts angesehen.

Das Ausmaß der wirtschaftlichen Katastrophe zeigt sich besonders bildhaft in der Anzahl der verkauften Aktien. So wurden am 24. Oktober 1929 knapp 13 Millionen Aktien zu fallenden Preisen verkauft, am 29. Oktober nochmals 10 Millionen, wobei deren Wert dabei um mehr als die Hälfte abnahm. Zu den gewaltigsten Auswirkungen der Panik auf dem Finanzmarkt gehörte der exponentielle Anstieg der Arbeitslosigkeit in den USA in den drei darauffolgenden Jahren. Die Zahl der Arbeitslosen stieg dort von 2 Millionen im Jahr 1929 auf 4 Millionen 1930 und 8 Millionen 1931.

Keynes wurde so in mehrfacher Hinsicht zu einer Schlüsselfigur der britischen Politik. 1934 wurde er sogar ins Weiße Haus eingeladen und traf dort Franklin D. Roosevelt (1882-1945), den damaligen Präsidenten der Vereinigten Staaten. Dieser war ein großer Bewunderer von Keynes und hatte kurz zuvor mit dem New Deal ein großes Programm von Wirtschaftsreformen eingeführt.

<u>**GUT ZU WISSEN: DER NEW DEAL**</u>

Der New Deal bezeichnet ein Programm von Staatseingriffen, das vom amerikanischen Präsidenten Franklin D. Roosevelt zwischen 1933 und 1938 umgesetzt wurde, um das Land aus der Weltwirtschaftskrise zu befreien. Es beinhaltete Maßnahmen gegen Armut und weitere Sozialreformen.

Das Programm reglementierte die extremen Ausmaße des spekulativen oligopolistischen Kapitalismus, beschränkte mittels Gesetzen die Macht von Trusts (große Unternehmen, die eine oder mehrere Branchen dominieren), änderte die Kreditvergabeprozesse und reformierte das Steuersystem. Außerdem wurden ein Mindestlohn eingeführt, umfangreiche öffentliche Baumaßnahmen beschlossen und ein Gesetz zur Einführung von Sozialversicherungen erlassen, das einem Großteil der Arbeiter eine Rente garantierte.

1936 veröffentlichte Keynes die *Allgemeine Theorie der Beschäftigung, des Zinses und des Geldes*. Der Erfolg dieses Werks festigte sein Ansehen als Wirtschaftstheoretiker.

Nachdem sich Keynes von seinem Herzinfarkt erholt hatte, trat er 1940 auf persönliche Einladung von Premierminister Winston Churchill (britischer Politiker, 1874-1965, Premierminister von 1940 bis 1945) erneut einen Posten im Schatzamt an. Zu Beginn des Zweiten Weltkriegs (1939-1945) war Keynes als Berater des Schatzkanzlers tätig und im Jahr darauf wurde er in den Court of Directors der Bank von England aufgenommen. Die Ernennung zum Baron Keynes of Tilton rundete schließlich 1941 Keynes' sozialen Aufstieg ab.

Von diesem Zeitpunkt an widmete Keynes seine diplomatische Tätigkeit vor allem der Lösung von Problemen internationaler

Wirtschaftsbeziehungen. So reiste er mehrfach in die USA, um die Konditionen des Kredites zu verhandeln, den die USA England für dessen Kriegsausgaben gewährten.

Zum Ende des Zweiten Weltkriegs leitete Keynes die britische Delegation bei den Bretton-Woods-Verhandlungen (1944). Mit seinem amerikanischen Counterpart, dem Chefunterhändler Harry Dexter White (amerikanischer Ökonom, 1892-1948), hatte er bereits im Vorfeld den Weg für die Verhandlungen geebnet, nun wurden die beiden zu den wichtigsten Verhandlungsteilnehmern. Keynes' Ziel war, die Alliierten zu einer Einigung zu bewegen, die nicht nur Großbritannien keine Nachteile bringen sollte, sondern vor allem die Wirtschaftsmacht der USA (die im Vergleich mit den anderen Alliierten am wenigsten vom Krieg betroffen waren) und deren Vormachtstellung in der neuen Weltordnung ausgleichen würde.

1946 zog sich Keynes aus gesundheitlichen Gründen auf seinen Landsitz in Firle zurück, wo er am 21. April im Alter von 62 Jahren verstarb.

Die 1930er Jahre: Gefährdung der wirtschaftlichen Stabilität durch die Weltwirtschaftskrise

In der Zeit des Wiederaufbaus nach dem ersten Weltkrieg sollte für die europäische Wirtschaft in erster Linie ein produktiver Rahmen gefunden werden, der nicht nur die Kriegsausgaben wieder ausgleichen, sondern auch den Frieden unterstützen würde. Zudem sollte er dazu beitragen, das verlorene Vertrauen unter den europäischen Ländern wiederherzustellen. Die britische Wirtschaft befand sich allerdings in einer misslichen Lage: Es bestand nicht nur die Gefahr, dass Großbritannien seine Rolle als internationales Finanzzentrum an die boomenden USA verlieren könnte, hinzu kam, dass die in Rezession befindliche Wirtschaft zunehmend erlahmte.

Der britische Schatzkanzler Winston Churchill war überzeugt, dass sich das Problem/die Situation nur lösen ließe, indem die britische Währung Pfund Sterling auf dem Finanzmarkt nicht an Wert verlöre. Daher ließ er 1925 in

England den Goldstandard wiedereinführen, der dank der darauffolgenden Aufwertung der britischen Währung den Wechselkurs Pfund Sterling-Dollar zurück auf Vorkriegsniveau bewegte.

GUT ZU WISSEN: DER GOLDSTANDARD

Der Goldstandard ist eine internationale Währungsordnung, die die umlaufende Geldmenge und die Goldreserven eines Landes eng miteinander verknüpft. Damit sind die Wechselkurse der verschiedenen Landeswährungen fix. Kann in einem Land ein bestimmter Betrag beispielsweise gegen 10 Milligramm Gold getauscht werden und in einem anderen Land gegen 2 Milligramm, so ist die Währung des ersten Landes fünf Mal so viel wert wie die des zweiten.

In der Praxis bedeutet das, dass Papiergeld immer gegen Gold eintauschbar sein muss (Goldkonvertibilität). Daher führten die Zentralbanken Zinsen ein, um das Verhältnis zwischen umlaufendem Geld und Goldreserven stabil zu halten. Dies ist notwendig, um das Vertrauen in den Wert der Währung aufrechtzuerhalten und mögliche Kapitalflucht zu vermeiden. Zudem schätzen Wirtschaftsakteure anhand der Kosten für Transaktionen – wobei die Zinsen als Kosten des Geldes angesehen werden – ab, ob es sinnvoller ist, einen Betrag in Geld zu behalten oder ihn in Gold einzutauschen bzw. andersherum.

Kurz darauf richtete sich Keynes mit einer weiteren Schrift explizit gegen das britische Establishment und warnte vor den wirtschaftlichen Auswirkungen von Churchills Maßnahmen. Keynes war aus politischen wie wirtschaftlichen Gründen gegen die Wiedereinführung des Goldstandards:

- Zum einen müsse Großbritannien eine Sparpolitik akzeptieren, die für die britische Regierung jedoch gleichzeitig gefährlich werden könnte. Bei einem zu hohen Haushaltsdefizit könnte diese keine Regierungsprogramme mehr durchführen, was ihre internationale Glaubwürdigkeit aufs Spiel zu setzen drohte.
- Zum anderen sah Keynes fatale Auswirkungen für die britische Industrie vorher. Seiner Meinung nach würde eine Überbewertung des Pfund Sterling gegenüber dem Dollar schnell zu

einem Wettbewerbsverlust bei den Exporten führen. 1926 (ein Jahr nach der Einführung des Goldstandards) erreichte die Arbeitslosenrate in Großbritannien tatsächlich 20 % der arbeitsfähigen Bevölkerung und löste damit eine Rezession aus, die die Negativauswirkungen der Weltwirtschaftskrise von 1929 noch verstärkte. Diese Krise ließ den Handel auf der ganzen Welt regelrecht zusammenbrechen. So sanken die weltweiten Exporte 1932 um 72 % ihres Werts und um 60 % ihres Volumens. In Großbritannien betrug die Menge der Exporte Ende 1936 nur noch zwei Drittel der Exporte von 1929.

Die Rolle des Staates

Zum besseren Verständnis der *Allgemeinen Theorie der Beschäftigung, des Zinses und des Geldes* sollte nicht vergessen werden, dass das Werk während der Weltwirtschaftskrise verfasst wurde, in einer Zeit also, als in der sich die Produktion weltweit je nach Land zwischen 30 % und 50 % verringerte. In den USA stieg die Arbeitslosigkeit in der Industrie von 5 % im Jahr 1929 auf 38 % im Jahr 1933, in Deutschland betraf sie gar 50 % der arbeitsfähigen Bevölkerung und wurde damit zu einem der entscheidenden Faktoren des erstarkenden Nationalsozialismus.

Wie Keynes vorhergesehen hatte, wurde die Bank of England aufgrund der Einführung des Goldstandards handlungsunfähig. Sie konnte den zunehmend schlechteren Bedingungen im internationalen Handel damit nichts mehr entgegensetzen. Um den Wert ihrer Goldreserven zu halten und Kapitalflucht zu verhindern, war sie außerdem gezwungen, langfristig hohe Zinsen zu erheben, was jeder Art von Politik zur Investitionsunterstützung zuwiderlief. Diese wäre jedoch Keynes zufolge dringend nötig gewesen, um die Rezession zu verlassen.

Um dem Abhilfe zu schaffen, gab Großbritannien am 21. September 1931 den Goldstandard wieder auf, was zum definitiven Zusammenbruch des internationalen Währungsmarktes führte. Keynes unterstützte diese Entscheidung zwar, war sich jedoch bewusst, dass England damit unter Umständen in der Folge einen nicht unerheblichen Kapitalverlust riskierte.

Dennoch war Keynes weiterhin überzeugt, dass ein staatlicher Eingriff in den Finanzmarkt der richtige Schritt sei, wenn fehlendes Vertrauen und Angst der Bürger private Investitionen verhindern. Aus diesem Grund unterstützte Keynes – zum großen Leidwesen von Churchill – die verschiedenen Vorschläge des britischen Parlaments, mithilfe von Programmen für öffentliche Bauprojekte die Wirtschaft anzukurbeln.

Die Vorschläge wurden von der konservativen Regierung jedoch systematisch abgelehnt. Sie berief sich dabei auf die „Treasury View", eine offizielle Stellungnahme des Cunliffe Committee (Komitee aus 12 Mitgliedern, darunter 9 Bankern, unter Vorsitz des britischen Bankers Baron Walter Cunliffe (1855-1920)), in der die finanziellen Aspekte des Wiederaufbaus nach dem Krieg betrachtet wurden.

GUT ZU WISSEN: TREASURY VIEW

Die „Treasury View" vertat eine wirtschaftspolitische Maxime, die von staatlichen Eingriffen zur Ankurbelung der Wirtschaft abriet, da die öffentlichen Ausgaben negative Auswirkungen haben könnten.

Die Theorie besagte, dass eine Erhöhung der staatlichen Investitionen in die Wirtschaft keine Auswirkungen auf die gesamte Wirtschaftsaktivität habe, weil so lediglich Ersatz für das geschaffen würde, was ansonsten vom Privatsektor übernommen worden wäre. Zudem würde der Staat in diesem Fall auf dem Kapitalmarkt direkt mit den Privatinvestoren um Investitionsfinanzierungen konkurrieren. Die Ergebnisse staatlicher Eingriffe in den Markt würden immer durch die negativen Auswirkungen auf den Gesamtbetrag der privaten Investitionen (aufgrund des steigenden Zinssatzes) neutralisiert.

Keynes, der zwischenzeitlich Mitglied des Committee on Finance and Industry geworden war, begann zunächst, seine Argumentation gegen die Sparpolitik zu verfeinern, änderte dann jedoch seine Strategie und konzentrierte sich stattdessen auf die Widerlegung der weitverbreiteten „Treasury View".

Im Kontext dieser Debatte entstand Keynes' *Allgemeine Theorie der Beschäftigung, des Zinses und des Geldes*. Keynes, dessen theoretische

Überlegungen zur Zeit der Veröffentlichung bereits bestätigt worden waren, zeigte, dass sich staatliche Investitionen aufgrund einer Kette bestimmter Konsumprozesse, die Keynes „Multiplikatoren" nannte, indirekt positiv auf private Investitionen auswirken können. So bewies er, dass öffentliche Verschuldung die Zinsen nicht unbedingt so stark steigen lässt, dass private Investitionen zwangsläufig zurückgehen, wie es die „Treasury View" besagt hatte. Vielmehr führe die Verschuldung zu einem allgemeinen Investitionsanstieg, da die Wirtschaftsakteure dank steigender Beschäftigungs- und Konsumraten in jedem Fall wieder neues Vertrauen fassen.

ZUSAMMENFASSUNG VON *ALLGEMEINE THEORIE DER BESCHÄFTIGUNG, DES ZINSES UND DES GELDES*

In *Allgemeine Theorie der Beschäftigung, des Zinses und des Geldes* werden alle Themen, mit denen sich Keynes seit der Veröffentlichung von *Über Wahrscheinlichkeit* und in seinen Vorlesungen über währungspolitische Produktionstheorie in Cambridge zwischen 1932 und 1933 beschäftigt hat, wiederaufgenommen. Mit seiner vollkommen neuen Darstellung des Marktes nimmt Keynes im Vergleich zu seinen Vorgängern eine innovative Perspektive ein und erklärt den Markt anhand der Interaktionen zwischen weltweiten Wirtschaftseinheiten.

Die keynesianische Wirtschaft ist daher eine Makroökonomie: Sie lässt den klassischen Ansatz der Mikroökonomie, wo das Verhalten einzelner Akteure betrachtet wird, hinter sich, um stattdessen das allgemeine Verhalten in Krisensituationen zu untersuchen.

So kann Keynes zufolge die Wahrscheinlichkeit für das Verhalten von Einzelpersonen nicht im mathematischen Sinne berechnet werden. Vielmehr beeinflusse das Verhalten der Masse, wie der Einzelne handelt. Da die Zeit auf dem Markt außerdem nie stillsteht, führt eine ungewisse Zukunft dazu, dass so unverbindliche Entscheidungen wie möglich getroffen werden. Keynes beschäftigt sich daher mit der Analyse von kurzfristigen Wirtschaftsentscheidungen. Er versetzt sich dazu in einen Unternehmer, der je nach aktuellem Bedarf und Bedingungen das Produktionsvolumen verändert, indem er die Anzahl der Arbeitskräfte erhöht oder reduziert.

Vereinfacht dargestellt, besteht die *Allgemeine Theorie der Beschäftigung, des Zinses und des Geldes* aus zwei Teilen:

- Im ersten Teil erläutert Keynes, warum er das Saysche Theorem (benannt nach Jean-Baptiste Say; französischer Ökonom 1767-1832) zurückweist. Dieses besagt, dass das Vorliegen einer Konkurrenzsituation eine notwendige und ausreichende Bedingung sei, um Wirtschaftskrisen zu überwinden, da das Angebot seine eigene Nachfrage schaffe. Mit anderen Worten empfiehlt das Saysche Theorem die Einführung von Freihandel, um die Wirtschaft anzukurbeln, da die Konkurrenz sicherstelle, dass die Produktion von den Auswirkungen des Gesetzes von Angebot und Nachfrage angetrieben werde. Der Handel werde damit dann verstärkt, wenn mehr Güter produziert würden.

- Im zweiten Teil des Werks wird zunächst das Prinzip der effektiven Nachfrage erklärt. Keynes betrachtet dazu, wie die Faktoren der „aggregierten Nachfrage" (Konsum- und Investitionsausgaben) zusammenspielen. Darauf aufbauend erläutert er, wie es zum Gleichgewichtseinkommen (das heißt dem Übereinstimmen von Angebot und tatsächlicher Nachfrage der Konsumenten) kommt. Er möchte beweisen, dass – entgegen des Laissez-faire-Ansatzes – staatliches Eingreifen zur Schaffung neuer Arbeitsplätze für den Wiederaufschwung des Handels unerlässlich ist und dass der Kampf gegen die Arbeitslosigkeit essentiell für eine stabile Wirtschaft ist. Darüber hinaus will Keynes zeigen, dass die Finanzmärkte die Schwachstelle der Wirtschaft darstellen, da schlechte Kapitalverwaltung in der Realwirtschaft zu einem allgemeinen Ungleichgewicht führen kann. Das liegt nicht etwa daran, dass hier besonders irrationale Entscheidungen getroffen würden, sondern vielmehr daran, dass die Vereinbarkeit von aktuellen mit zukünftigen Entscheidungen der Akteure sowie die Voraussage dieser Handlungen für Ökonomen schwer bis unmöglich zu prüfen ist.

Die keynesianische Kritik am Sayschen Theorem und an der Hypothese der Vollbeschäftigung aller Ressourcen

In den ersten drei Kapiteln der *Allgemeinen Theorie der Beschäftigung, des Zinses und des Geldes* werden die strategischen Faktoren definiert, die für die Bekämpfung der Arbeitslosigkeit notwendig sind. Die Regeln des Arbeitsmarkts bleiben über das gesamte Werk hinweg – wenn auch teils nur unterschwellig – ein präsentes Thema. Es wird im Fünften und Sechsten Buch wieder aufgegriffen, nachdem Keynes seine Hypothese belegt hat, der zufolge ein Wirtschaftssystem meist nicht alle verfügbaren Ressourcen ausschöpfe. Er stellt sich klar gegen die Aussage, dass das Angebot die Nachfrage schaffe und widerspricht Says Theorem, dessen Konsequenz eine konstante Vollbeschäftigung der Ressourcen ist, wo jede neue Aktivität eine andere ablöst anstatt zusätzlich hinzuzukommen.

Die Vorstellung, dass das Angebot die Nachfrage schaffe bzw. dass die Produktion den Absatzmarkt für die Produkte selbst eröffne, bedeutet Say zufolge, dass die Preise bei einem Überangebot auf dem Markt dem Gesetz von Angebot und Nachfrage folgend immer weiter fallen. Dieser Preissturz führe zu einer neuen Nachfrage und kurbele dadurch den Konsum automatisch wieder an.

Say und seinen Anhängern zufolge kann diese Argumentation auf alle Wirtschaftssituationen übertragen werden, das heißt sowohl auf Konsumenten als auch Unternehmer, so- wohl während Krisensituationen als auch in

Zeiten wirtschaftlichen Aufschwungs. Keynes zufolge besagt Says Theorem unterschwellig auch, dass in einem Wirtschaftssystem immer Vollbeschäftigung der Ressourcen bestehe. Wirtschaft ist nach Say ein kontinuierlicher Warenaustausch in einer Umgebung, wo Währung an sich zunächst quasi ausgeklammert wird. Das beim Verkauf verdiente Geld wird sofort wieder ausgegeben. So wird der Verkäufer ebenfalls zum Käufer, der der Produktion der anderen Verkäufer seinerseits einen Absatzmarkt bietet.

Keynes widerspricht dieser Argumentation jedoch, da sie sich nicht mit den Erfahrungen aus Krisenzeiten deckt. So bemerkt der Autor, dass es bei seinen Kollegen in der Wirtschaft beispielsweise nie zu einer Überproduktionskrise komme, weil sie den Ansatz, dass Nachfrage durch Angebot entstehe, schlicht nie hinterfragen. So könnte sich die Ressourcenverteilung durchaus als ineffizient herausstellen (zum Beispiel wenn entgegen des Bedarfs der Allgemeinheit zu viel von einem, aber zu wenig von einem anderen Gut produziert werde). Doch ihrem Ansatz liege eben zugrunde, dass es auf jedem Markt immer jemanden gebe, der bereit sei, etwas zu kaufen oder Geld zu investieren.

Keynes bestreitet jedoch gerade die Hypothese, dass Unternehmer und Produzenten aufgrund des Gesetzes von Angebot und Nachfrage immer um die auf dem Markt verfügbaren Produktionsfaktoren (Arbeit und Kapital) konkurrieren, um Profit zu generieren. Um dies zu beweisen, widerlegt er zwei Ansätze, die darauf aufbauen, dass das Wirtschaftssystem seine Kapazitäten ständig voll ausschöpft:

- Eine Senkung der Reallöhne sei immer ein erster Schritt zum Wiederankurbeln der Wirtschaft.
- Das Gleichgewicht zwischen Sparen und Investieren könne immer durch Änderungen im Zinssatz sichergestellt werden.

Die erste Aussage besagt implizit, dass andauernde Rezessionen vor allem durch Eingriffe in den Arbeitsmarkt ausgelöst würden, die die Konkurrenz verzerrten. Gewerkschaften oder Mindestlöhne würden verhindern, dass Löhne wettbewerbsfähige Beträge annähmen. Wenn die Löhne aufgrund von hoher Konkurrenz unter den Arbeitslosen sänken, könnten sie Werte erreichen, bei denen das System alle verfügbaren Arbeitskräfte aufnehmen könne. Nach dieser von Keynes angefochtenen Überlegung ist Arbeitslosigkeit entweder selbstverschuldet oder das Ergebnis eines nicht funktionierenden Sozialsystems.

Die zweite Aussage veranschaulicht deutlich Keynes' neuartige makroökonomische Perspektive. Sein Ansatz und seine Analyse der Zusammenhänge zwischen Arbeitslosigkeit und fehlenden Investitionen zeigen, wie wenig praktisch bzw. gar unlogisch die Sayschen Maßnahmen gegen das niedrige Wachstum waren.

Say und dessen Anhängern zufolge (mit ihrem rein produktionsorientierten Ansatz) liegt das Problem einer Rezession niemals an der Nachfrage. Daraus folgt, dass Arbeitslosigkeit während einer Rezession vielmehr eine Lösung als ein Problem darstellt, weil eine Anhebung der Reallöhne die Nachfrage lediglich fiktiv verstärken würde. Mit anderen Worten führe eine Anhebung der Reallöhne lediglich zu Inflation, in deren Folge sich das Gesetz von Angebot und Nachfrage der Konsumgüter verschiebe.

Keynes vertritt hingegen die Ansicht, dass bei gleichzeitiger Erhöhung von Produktion und Mitarbeiterzahl diese natürlich auch zum Konsum der nun zusätzlich produzierten Waren beitragen. Er behauptet, dass das Beschäftigungsniveau (und nicht das Produktionsniveau) über das Verbrauchsvolumen bestimme.

Keynes zufolge sind die Ökonomen der klassischen Schule auf ihren „gesunden Menschenverstand" hereingefallen, dass bei sinkenden Realeinnahmen ebenfalls die Beschäftigungszahlen sinken müssten und umgekehrt. Dies bedeute, alle Probleme als gelöst zu betrachten und die Wirtschaft nach dem eigenen Wunschdenken zu definieren, auch wenn sie sich in der Realität ganz anders verhalte.

Der britische Ökonom vertritt jedoch die Meinung, dass Wirtschaftskrisen dann auftreten, wenn einer der Kapitalhalter – das heißt die Wirtschaftsakteure – sein Geld lieber spart als es auszugeben. Keynes zufolge kann es deswegen zu einer weltweit unzureichenden Nachfrage kommen. Diese Hypothese basiert auf der Thesaurierung (bzw. dem „Horten"): dem Wunsch, das Kapital, das aus Lohn, Profit oder Zinsen entsteht, außerhalb des Wirtschaftskreislaufs zu erhalten.

Zur Thesaurierung kommt es, wenn der insgesamt gesparte Betrag aller Akteure in einem gegebenen Zeitraum höher ist als der Betrag, der insgesamt investiert bzw. zum Kauf von Gütern ausgegeben wird. Mit anderen Worten läuft nur ein kleiner Teil der Einkommen, die die Haushalte in Form von Löhnen erreichen, in die Unternehmen zurück. Das bedeutet, dass ein Teil der Einkünfte – der gesparte Betrag – aus dem Geldkreislauf entnommen wird.

Wird weniger konsumiert, so sind die Unternehmen in der Folge gezwungen, weniger zu produzieren und weniger Mitarbeiter anzustellen. Dies führt dazu, dass die Haushalte ihre Ausgaben noch weiter beschränken, was die Situation weiter verschärft. Eine Senkung der Löhne hätte also im Fall von Thesaurierung keinesfalls eine höhere Beschäftigung zur Folge – ganz im Gegenteil.

Keynes nimmt daher an, dass Wirtschaftsmodelle, die eine Vollbeschäftigung der Ressourcen voraussetzen (das heißt, Verkaufserlöse würden vollständig ausgegeben und das Angebot schaffe seine eigene Nachfrage), nicht immer zutreffen. Dies gilt beispielsweise in Zeiten finanzieller Unsicherheit oder Krisensituationen sowie in Phasen ausgeprägter Finanzspekulation, wenn Verkäufer nicht zu Verbrauchern werden wollen oder können, weil ihnen dazu die finanziellen Mittel fehlen.

Nach der ausführlichen Betrachtung der effektiven Nachfrage wird deutlicher, was Keynes an der zweiten Aussage kritisiert, die ja implizit besagt, dass auch das Ersparte letztlich eine Ware sei und der Zinssatz deren Preis. Demzufolge könnten Zeiten geringen Wachstums auch als Übergangsphasen betrachtet werden.

Dem Sayschen Ansatz zufolge wird durch erlahmende Wirtschaftsaktivitäten –Arbeitslosigkeit gilt hier als Vorbote – ein gewisser Betrag des Ersparten wieder verfügbar, sodass niedrigere Zinssätze neue Investitionen fördern. Da Unternehmer auf Grundlage des Zinssatzes – also anhand der Kosten des Geldes – abschätzen, ob aktuell Sparen oder Investieren vorteilhafter ist, betonen die Anhänger des Sayschen Theorems, dass diese Entwicklung durch die

„Ankündigung" neuer Aktivitäten automatisch zu neuen Investitionen führen.

Keynes zufolge funktioniert dieser Ausgleichsmechanismus des Zinssatzes jedoch aufgrund der Thesaurierung nicht immer. Denn nicht alle Einnahmen werden wieder ausgegeben und nicht alle ersparten Einnahmen werden systematisch wieder investiert. Man kann also nicht zwangsläufig davon ausgehen, dass der Zinssatz das Verhältnis von gesparten und ausgegebenen bzw. investierten Einkommen automatisch reguliert. Keynes vertritt vielmehr die Meinung, dass das Sparniveau in erster Linie vom Einkommensniveau – und damit vom Beschäftigungsniveau – abhängt.

Zum Verständnis von wirtschaftlichen Depressionen müssen daher die Zusammenhänge zwischen Beschäftigungsniveau und Investitionen genauer analysiert werden. Nach dem Beweis, dass Arbeitslosigkeit durchaus keine Lösung darstellt, erläutert Keynes den Kern seiner These: Ihm zufolge führt eine Abnahme der aggregierten Nachfrage zu einem Produktionsrückgang. Die Ursache der Depression liegt daher nicht in – im Vergleich zur

Beschäftigungsrate – zu hohen Löhnen, sondern daran, dass die allgemeine Nachfrage in Teilen – nämlich den Ausgaben für Investitionen und Konsum – unzureichend ist. Keynes untermauert seine These mithilfe der effektiven Nachfrage.

Die effektive Nachfrage

Die effektive Nachfrage ist das erste von Keynes eingeführte, grundlegende Konzept in *Allgemeine Theorie der Beschäftigung, des Zinses und des Geldes*. Sie ist trotz ihres abstrakten Charakters – so handelt es sich um einen mathematischen Wert, der als ein Punkt im geometrischen Raum dargestellt wird – ein essentieller Teil des Werks.

Dabei beschreibt Keynes treffend aus Sicht eines Unternehmers, wie ein Wirtschaftssystem möglichst sinnvoll funktioniert. So impliziert das Konzept der effektiven Nachfrage beispielsweise, dass Unternehmer eine grundlegende Rolle für das Marktgleichgewicht spielen. Denn mit der Berechnung der effektiven Nachfrage können Ökonomen das tatsächliche Volumen von abge-schlossenen Transaktionen grafisch darstellen, und zwar „an dem Punkt, an dem die aggregierte Nachfragefunktion sich mit der aggregierten

Angebotsfunktion schneidet" (S. 22). Es handelt sich also um eine Darstellung der tatsächlich bestehenden allgemeinen Nachfrage.

Effektive Nachfrage

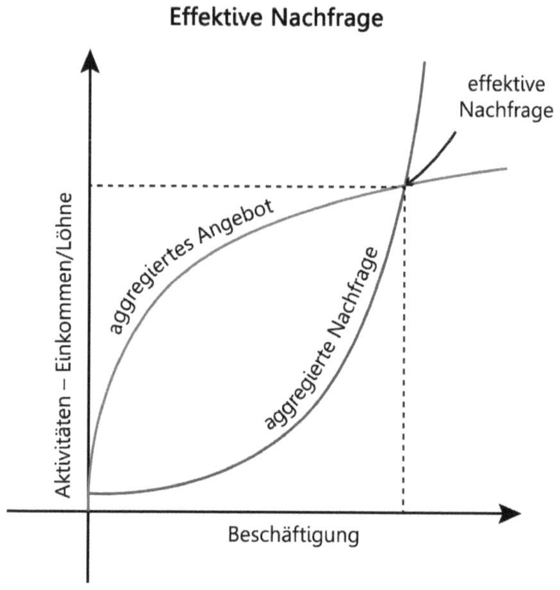

Die effektive Nachfrage steht zudem im Mittelpunkt der keynesianischen Makroökonomie. Keynes möchte damit den Scheinbeweis des Sayschen Theorems widerlegen (nach dem die Nachfrage durch das Angebot geschaffen wird) und zeigen, dass im Gegenteil entweder das Produktions- oder das Beschäftigungsniveau von den Investitionsentscheidungen abhängt, die die Unternehmer aufgrund ihrer Prognosen für die aggregierte Nachfrage getroffen haben.

Keynes erklärt seine Theorie anhand seiner Überlegungen zur effektiven Nachfrage. Dementsprechend hängen Wirtschaftsentwicklungen nicht direkt vom Gesetz von Angebot und Nachfrage ab, sondern vielmehr von der Gewinnmarge, die die Unternehmer mit ihrem Produktion-Mitarbeiter-Verhältnis zu erreichen hoffen.

Die aggregierte Nachfrage entspricht den Gesamtausgaben der Allgemeinheit, das heißt der Summe an Ausgaben für Konsumgüter, Dienstleistungen und Investitionen. Aus Unternehmersicht gibt sie daher an, wie viele Produkte die Unternehmer in Anbetracht der Gesamtausgaben der Allgemeinheit zu verkaufen hoffen. Diese Ausgaben umfassen ebenfalls alle Konkurrenten auf dem Markt.

Zur Vereinfachung des Modells wird das Konzept der effektiven Nachfrage für das Angebot auf einen kurzen Zeitraum beschränkt und in einer für den Außenhandel geschlossenen Wirtschaft angewandt. Keynes' These zufolge hat die Produktionstechnologie einen geringeren Einfluss als die Berechnungen der Unternehmer hinsichtlich des aktuellen Arbeitsbedarfs (für die Anzahl der Güter, die sie zu produzieren wünschen) und der Kosten, die sie für die Produktion dieser Güter angemessen finden.

Keynes zeigt, dass Beschäftigung dabei logischerweise die entscheidende Variable darstellt, da sie aus Unternehmersicht dem Verbindungsglied zwischen Verkauf und Produktion entspricht: Der Lohn ermöglicht Konsum (und damit den Verkauf des Produkts), während die verrichtete Arbeit gleichzeitig der Produktion (und damit der Generierung von Profit) dient. Um dieses Gleichgewicht darzustellen, müssen lediglich die beiden Funktionen, die Produktionskosten (Angebot) und Verkaufsprognosen (Nachfrage) darstellen, mit der aktiven Anzahl an Arbeitskräften verbunden werden.

Obwohl die beiden Funktionen ebenfalls einen Zusammenhang zwischen Preis und Produktions-

bzw. Verkaufsmengen darstellen, unterscheiden sie sich dennoch grundlegend von Says. So zieht Keynes den Schluss, dass das Angebot immer der Nachfrage folgt, wenn die aggregierte Nachfrage der Summe aus Konsum und Investitionen entspricht (da es ohne Investitionen weder Produktion noch Beschäftigung noch Konsum gäbe).

Das Konzept der effektiven Nachfrage spielt zudem eine Schlüsselrolle, da es erklärt, warum der Marktmechanismus nicht immer geeignet ist, die Gesamtheit der Preise – dazu gehören auch der Preis der Arbeit (Löhne) und der Preis des Kapitals (Zinssatz) – festzustellen. Denn entgegen des Sayschen Theorems sind aggregierte Nachfrage und potenzielle Produktion nicht immer identisch.

Dieses Prinzip erklärt ebenfalls teilweise, warum Keynes zufolge nicht jedes Wirtschaftssystem seine Produktionskapazitäten voll ausschöpft. Im Gegenteil ist es durchaus wahrscheinlich, dass die effektive Produktion ihr Potenzial nicht erreicht. Mit anderen Worten bleibt das Wirtschaftssystem in einem solchen Fall unterhalb des Produktionsniveaus, das bei Vollbeschäftigung der Ressourcen erreicht werden könnte.

Bei hoher aggregierter Nachfrage und Vertrauen in die Wirtschaftslage seitens der Unternehmer, sind diese eher geneigt, so viel zu investieren, dass ihre Produktionskapazitäten voll ausgeschöpft werden, sodass die effektive Produktion der potenziellen Produktion entspricht. Wenn die aggregierte Nachfrage jedoch niedrig ist, reduzieren die Unternehmen ihre Produktion und die Anzahl ihrer Mitarbeiter, bis das Warenangebot auf dem Markt der aggregierten Nachfrage entspricht. Keynes nennt dies „Gleichgewicht bei Unterbeschäftigung". Obwohl es sich bei dieser Situation um ein makroökonomisches Gleichgewicht handelt, kommt es dennoch zu Arbeitslosigkeit.

Dieser Perspektivenwechsel ist bedeutend: Keynes zufolge handeln die Akteure eines Wirtschaftssystems weder nach einem bestimmten Schema, noch gibt es eine natürliche Tendenz zur Vollbeschäftigung der Ressourcen.

Wie später noch eingehender betrachtet werden soll, schreibt Keynes den Prognosen der Investoren ebenso wie den Haushalten und deren Konsum eine beträchtliche Rolle zu. So geht er in den verbleibenden Kapiteln seines Werks vor allem auf die Faktoren ein, die die effektive Nachfrage beeinflussen. Hinsichtlich der aggregierten Nachfrage ist dies die Konsumneigung, während es sich beim aggregierten Angebot um Multiplikator und Zinssatz handelt. Diese beiden Faktoren bestimmen die Konsum- und Investitionsausgaben eines Wirtschaftssystems. Ihre Analyse ist daher essentiell, um zu verstehen, warum das kapitalistische System nach Meinung des Autors so instabil ist. Außerdem seien häufig staatliche Eingriffe nötig, um den Einsatz von Ressourcen anzuregen.

Die Konsumneigung

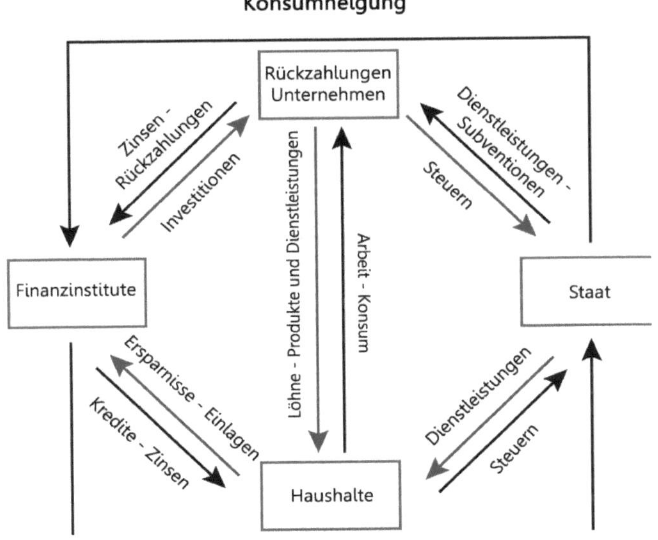

Ein weiteres zentrales Konzept der keynesianischen Revolution – der zufolge Wirtschaftskrisen aufgrund von zu geringer aggregierter Nachfrage andauern – ist die Konsumneigung. Im dritten Buch seines Werks definiert Keynes diese als den Teil der Einkünfte, der für den Konsum bestimmt ist.

Die Instabilität kapitalistischer Gesellschaften entsteht damit Keynes zufolge durch das „grundlegende psychologische Gesetz" (S. 83): Selbst wenn das Realeinkommen eines Haushalts steigt, nimmt der allgemeine Konsum lediglich in einem geringeren Maße zu. Anders gesagt steigt der Konsum, der die effektive Nachfrage antreiben soll, bei wachsenden Einkünften nicht proportional, solange keine zusätzliche Steuerung von außen erfolgt.

Wie zuvor bereits erwähnt, wird ein Teil der Einkünfte – in Form von Löhnen, Profit oder Zinsen – aus dem Wirtschaftszyklus ‚entfernt'. Keynes zufolge ist dies eine häufige Ursache für schwaches Wachstum:

- Entweder fließen die monetären Einkünfte eines Haushalts, die von den Unternehmen

in Form von Löhnen gezahlt werden, nur teilweise wieder zurück zu diesen, weil die Haushalte mehr sparen,
- oder die Haushalte konsumieren aufgrund von finanziellen Problemen während einer Wirtschaftskrise weniger.

In beiden Situationen bedeutet dies, dass ein Teil der Einkünfte den Geldkreislauf verlässt. Trotz der Unterschiede zwischen den beiden Fällen besteht aus keynesianischer Sicht dasselbe Problem. Beide beeinflussen das Verhältnis zwischen den Gesamteinkommen eines Systems und einem Teil der aggregierten Nachfrage, dem Konsum.

Angesichts dieser Beobachtungen bemüht sich Keynes, eindeutig zwischen Konsumentscheidungen und Investitionsentscheidungen zu unterscheiden, auch wenn beide gleichermaßen Teil der aggregierten Nachfrage sind:

- Einerseits hängen Konsum und Sparverhalten vom Einkommen ab und sind damit Teil des Geldkreislaufs.
- Andererseits hängt das Investitionsverhalten eher von Vertrauen und Prognosen der

Unternehmer ab. Sie könnten daher zunächst als Elemente außerhalb des Geldkreislaufes betrachtet werden, da sie das Beschäftigungsniveau bestimmen, das zum Gleichgewichtseinkommen der effektiven Nachfrage führen kann.

Betrachtet man die Grafik der effektiven Nachfrage (siehe <u>Die effektive Nachfrage</u>), wird deutlich, warum die Kurven der aggregierten Nachfrage und des aggregierten Angebots nicht übereinstimmen, obwohl beide die Sicht derselben Unternehmer darstellen:

- Die Kurve des aggregierten Angebots steigt, entweder weil höhere Profite, als die Unternehmer erwartet haben, einem höheren Produktions- und entsprechend benötigten Beschäftigungsniveau entsprechen. Oder weil Verkaufspreise und Profit ebenfalls nur dann steigen, wenn die Anzahl der Mitarbeiter und die Höhe der Investitionen angehoben werden.
- Die Kurve der aggregierten Nachfrage steigt jedoch nicht so steil wie die des aggregierten Angebots. Dies liegt daran, dass der Gewinn von den Prognosen der Unternehmer und

Investoren bezüglich der aggregierten Nachfrage abhängt, die wiederum von einem Aspekt des „grundlegende[n] psychologische[n] Gesetz[es]" (S. 83) beeinflusst wird, da generell niemand sein gesamtes Einkommen ausgibt. Keynes schließt daraus, dass es bei geringer aggregierter Nachfrage (wenn also kein kontinuierliches Wachstum der Konsumbereitschaft vorliegt) für Unternehmer keinen Vorteil darstellt, ihr hohes Produktionsniveau zu halten. So ist es möglich, dass das Wachstum so weit sinkt, dass es zu einer Wirtschaftskrise kommt.

ZUM BESSEREN VERSTÄNDNIS

Als Beispiel seien im Folgenden zwei Gehälter betrachtet, wobei das eine hoch ist (A) und das andere wesentlich niedriger (B). Die Person mit Gehalt A kann logischerweise mehr sparen als die Person mit Gehalt B. Vermutlich gibt die Person mit Gehalt B meist quasi ihr gesamtes monatliches Gehalt aus. Demnach ist ihre Konsumneigung höher als bei der Person mit Gehalt A.

Auf makroökonomischer Ebene schließt Keynes daraus, dass eine Gesellschaft umso mehr spart, je reicher sie ist, wodurch ihre Konsumneigung also immer weiter nachlässt. Mit anderen Worten sind die Risiken, die mit einer niedrigen aggregierten Nachfrage oder mangelndem Vertrauen verbunden sind, für eine solche Gesellschaft höher, da sie die Auswirkungen des aus dem Geldkreislauf entfernten Geldes immer deutlicher zu spüren bekommt.

Keynes beschreibt die Instabilität des Kapitalismus mithilfe eines Oxymorons: Die Wirtschaft von heute leide am „Paradox der Armut mitten im Überfluß" (S. 26). Je reicher eine Gesellschaft ist, desto stärker fühlen sich deren Mitglieder Keynes zufolge verpflichtet, mehr Investitionsmöglichkeiten zu finden als die Mitglieder einer „armen Gesellschaft", die dazu tendieren, den größten Teil ihrer Produktion selbst zu konsumieren, wobei schon geringe Investitionen zur Vollbeschäftigung der Ressourcen führen. Keynes zeigt, warum mit steigendem Konsumbedarf zur Aufrechterhaltung des Wohlstands ebenfalls das benötigte

Vertrauen steigt, um das Wirtschaftswachstum sicherzustellen.

Auch die aggregierte Nachfrage, die für Unternehmer zur Deckung ihrer Produktionskosten unerlässlich ist, ist höher angesiedelt. So muss eine reiche Gesellschaft zwangsläufig mehr investieren, um nicht durch Anhäufung von zu viel Kapital das Investitionsrisiko zu erhöhen. Keynes betont daher, dass eine Wirtschaftskrise vor allem deshalb andauert, weil ein (durch die Krise verursachtes) unsicheres Klima die Wirtschaft in einen Teufelskreis stürzt: Der Konsumrückgang führt zu einer Reduzierung der Produktion, die wiederum einen Beschäftigungsrückgang zur Folge hat etc. So würden gerade in Zeiten geringen Wachstums die Fehler eines Wirtschaftssystems umso offensichtlicher und schockierender, je mehr der Abstand zwischen potenzieller und tatsächlicher Produktion wächst.

Es gibt demnach nur eine einzige Möglichkeit, eine Rezession zu verlassen: die aggregierte Nachfrage zu fördern, damit die Investoren aufgrund des höheren Konsums neues Vertrauen schöpfen. Keynes betont dabei die wichtige Rolle von staatlichen Eingriffen. Ihm zufolge muss die öffentliche Hand das Wachstum anregen, das dann dank des Multiplikatoreffekts auch Privatinvestoren neue Anreize bietet.

Der Investitionsmultiplikator

Keynes zeigt anhand der effektiven Nachfrage, dass eine wachsende aggregierte Nachfrage den Unternehmern das notwendige Vertrauen gibt, um ihre Produktion zu steigern. Mit seinem Multiplikatorenmodell hebt Keynes weiterhin hervor, wie wichtig die Rolle des Staates für den Wirtschaftsaufschwung ist. Er zeigt, wie die öffentliche Hand in einer Gleichgewichtssituation ohne Vollbeschäftigung der Ressourcen oder während einer Wirtschaftskrise effizient neue Investitionen fördern kann, indem sie den verschiedenen Wirtschaftsakteuren, ob Unternehmern oder Konsumenten, neues Vertrauen einflößt.

Keynes zufolge ist die Investition eine unabhängige Variable bei der Berechnung des Einkommens. Unter der Annahme, dass sich der Konsum nur durch eine Einkommenssteigerung antreiben lässt, kann durch staatliche

Investitionen aktiv die aggregierte Nachfrage angeregt werden, indem die Einkommen neu verteilt werden. In *Allgemeine Theorie der Beschäftigung, des Zinses und des Geldes* vertritt Keynes die Meinung, dass staatliche Investitionsprogramme tatsächlich eine stufenweise Umverteilung der Einkommen bewirken können, wobei der Konsum schließlich die anfängliche Investition übersteigt (dadurch wird ebenfalls mehr gespart, weswegen der Zinssatz langsamer ansteigt).

ZUM BESSEREN VERSTÄNDNIS

Im folgenden Beispiel übernimmt der Staat die Finanzierung eines neuen Bauprojekts. Die dafür ausgegebene Summe entspricht den Einkommen der beauftragten Bauunternehmer. Diese beauftragen wiederum kleinere Unternehmen, einige Teile der Arbeit zu übernehmen usw. Der so in Gang gesetzte Mechanismus führt zu neuen Arbeitsstellen, Löhnen, Gewinnen und Zinsen. Die anfänglichen Ausgaben haben so eine Erhöhung des allgemeinen Einkommens zur Folge, das sich proportional ansteigend weiterverteilt.

Durch eine geeignete Steuerpolitik und staatliche Investitionen lässt sich ein Schneeballeffekt auslösen, der neben Neueinstellungen auch noch einen weitaus komplexeren Prozess nach sich zieht.

Mehr staatliche Ausgaben können zu einem Anstieg der Gesamtproduktion führen, der über den anfänglich investierten Betrag hinausgeht, da die ausgezahlten Einkommen während der verschiedenen Schritte im Prozess nicht vollständig ausgeben werden. Es wird nicht nur mehr konsumiert, sondern gleichzeitig auch mehr gespart. Anhand des Multiplikators beweist Keynes, dass man auf eine Erhöhung der Ersparnisse infolge der Einkommenssteigerung vertrauen kann, um eine Wirtschaft wieder anzukurbeln.

Zudem kann mithilfe des Multiplikators und systematischer Untersuchungen der Konsum- und Spargewohnheiten der Bevölkerung vorausgesagt werden, inwieweit der Staat die Sparbereitschaft eines Wirtschaftssystems beeinflussen kann. Der Multiplikator gibt an, um wie viel die Beschäftigungsquote zunehmen muss, damit die Einkommen so sehr steigen, dass genug für neue Investitionen gespart werden kann: „Wenn Ersparnis die bittere Pille und Verbrauch die Marmelade ist, muß die Extramarmelade der Größe der zusätzlichen bitteren Pille angepaßt werden" (S. 100).

Der Mechanismus des Multiplikators zeigt also, dass die expansiven Impulse der staatlichen Eingriffe die Ergebnisse privater Investitionen verstärken. Keynes zufolge besteht daher auf dem Kapitalmarkt keine direkte Konkurrenz zwischen öffentlicher Hand und privaten Investoren, wie es die „Treasury View" besagt hatte. So rechtfertigt Keynes staatliche Eingriffe im Rahmen einer interventionistischen Politik. Neben den Konzepten der effektiven Nachfrage und der Konsumneigung (beides grundlegende Überlegungen in Keynes' Theorie) zeugt auch die Rolle des Multiplikators von Keynes' neuer Perspektive zur Bedeutung von Staat, Investitionen und Ersparnissen.

Keynes' Zinssatz-Theorie

Das Verhältnis von Realwirtschaft und Finanzwirtschaft, das Keynes aufstellt, macht deutlich, warum seine Verteidigung staatlicher Eingriffe in den Markt wirtschaftswissenschaftlich eine so radikale Kehrtwende darstellt.

Kurz gefasst hat Keynes mathematisch belegt, dass sich der Gesamtbetrag der in einem Wirtschaftssystem verfügbaren Ersparnisse durch einen staatlichen Eingriff dank des Multiplikatoreffekts für Investitionen steigern lässt. Dies beweist, dass der Staat nicht unbedingt in direkter Konkurrenz mit den Akteuren auf dem Kapitalmarkt steht, wie es die „Treasury View" besagt hat.

Zudem weist Keynes die These zurück, dass Arbeitslosigkeit den Wiederaufschwung unterstütze. Stattdessen unterstreicht er vielmehr, dass Instabilität in einem Wirtschaftssystem vor allem durch die Neigung der Bürger entsteht, bei höherem Einkommen nicht im gleichen Verhältnis mehr auszugeben. Dabei handelt es sich um das Phänomen der Thesaurierung: Wenn die Sparneigung (ein bestimmter Fall der Thesaurierung) in einem System exzessiv zunimmt, kann dadurch der Multiplikatoreffekt selbst abnehmen und ist dann nicht mehr in der Lage, die effektive Nachfrage anzuregen.

Diese Elemente machen deutlich, warum Keynes den Zinssatz nicht als effizienten Marktmechanismus zum Ausgleich der gesparten und investierten Einkommen ansieht. Der britische Ökonom geht vielmehr davon aus, dass ein weiterer Ausbau des Finanzmarkts zu einer Verstärkung des Thesaurierungseffekts führt.

Die Investitionsmotivation von Privatpersonen zeigt ebenfalls, dass die Zinssätze Einfluss auf Konsum-, Investitions- und Sparverhalten haben. Keynes betont zudem, dass in unsicheren Zeiten meist flüssiges Geld bevorzugt wird, da es den großen Vorteil hat, dass es sich direkt in ein beliebiges anderes Gut – das heißt in eine Investition oder ein Konsumgut – umwandeln lässt. Allerdings erzeugt es selbst kein Einkommen. Wachsende Ersparnisse lassen sich demnach weder mit einer direkten Erhöhung der Investitionen noch mit einer zukünftigen Konsumsteigerung vereinbaren.

Keynes weist damit die Hypothese zurück, nach der Zinssatzschwankungen grundsätzlich für einen Ausgleich zwischen Ersparnissen und Investitionen sorgen. Ihm zufolge kann Sparen nicht als Gegenteil von Investieren angesehen werden. Im Gegensatz zur Sayschen Theorie, wird der Zinssatz in *Allgemeine Theorie der Beschäftigung, des Zinses und des Geldes* vielmehr als Belohnung für den Verzicht auf Liquidität angesehen.

Damit wird auch deutlicher, warum sich auf dem Finanzmarkt Entscheidungen, die maßgeblich die Zukunft von Konsumenten, Unternehmern und Investoren bestimmen, gegenseitig beeinflussen und daher den Schwachpunkt der Wirtschaft darstellen.

Grenzleistungsfähigkeit von Kapital und Liquiditätspräferenz

Eine Situation aus der Realwirtschaft, im Bereich der Produktion: Bevor sich ein Unternehmer für oder gegen ein neues Projekt entscheidet, vergleicht er Keynes zufolge zunächst die Einnahmen, die er durch die erhöhten Investitionen in sein Unternehmen voraussichtlich generieren wird (Keynes spricht dabei vom diskontierten Wert der Investition), mit dem erhofften Profit, wenn er seine Ersparnisse (mit anderen Worten sein Kapital) stattdessen als Kredit vergibt.

Bei dieser Entscheidung des Unternehmers, die den Wert seines Besitzes erhöhen soll, handelt es sich um einen Vergleich zwischen der Grenzleistungsfähigkeit von Kapital und Zinssätzen. Neben Erwartungen, Vertrauen und Spekulation ist dies der vierte Faktor, der darüber entscheidet, wie in einem Wirtschaftssystem investiert wird.

Keynes vertritt den Standpunkt, dass die Stabilität der Weltwirtschaft aufgrund des wachsenden Volumens an Börsentransaktionen kontinuierlich abnimmt. Genauer gesagt liege der Grund in der zunehmenden Trennung zwischen Eigentum und Verwaltung der Unternehmen, deren Aktivitäten häufig vielmehr von Aktionären und Entscheidungen der Investmentfonds beeinflusst werden als von den Entscheidungen eines einzelnen Unternehmers. Obwohl die Möglichkeit, auf dem Kapitalmarkt auf Ersparnisse zuzugreifen, sicherlich zu mehr Investitionen geführt hat, wurde so ebenfalls deren Stabilität unterminiert, da auf dieser Art von Märkten besonders ausgeprägte Spekulation stattfindet.

Die Trennung von Besitz und Verwaltung hatte in der Tat einen spürbaren Einfluss auf die Stabilität von Aktien und damit auch auf den wahren Wert von Investitionen. Viele Investoren wissen jedoch kaum über die wahren Zustände in einem

Unternehmen Bescheid und werden lediglich von der Aussicht auf kurzfristige Gewinne angelockt. Daher reagieren Finanzmärkte sensibel auf alles, was potenziell neue Profitmöglichkeiten eröffnet. Die Realwirtschaft ist aus diesem Grund sehr anfällig für Panik- und Euphoriekrisen.

Gleichermaßen führt Keynes das Konzept der „Liquiditätspräferenz" (S. 142) ein, um damit die verschiedenen Verwendungsmöglichkeiten für umlaufendes Geld nach ihrem entsprechenden Einfluss auf die Produktion zu klassifizieren. Dabei bemerkt er explizit, dass „der Begriff Horten [Thesaurierung] […] am besten als eine erste Annäherung an den Begriff der Liquiditätspräferenz betrachtet werden [kann]" (S. 147). Im keynesianischen Produktionskreislauf wird Geld für generische Geschäfte, aus Vorsicht – wobei der Zinssatz darauf einen direkten Einfluss hat – oder zur Spekulation verwendet, welche hier gegenläufig vom Zinssatz abhängt.

Der Einfluss des Staates auf Geld und Investitionen

Da der Zinssatz Einfluss auf die Entscheidungen der Unternehmer hat (im Hinblick auf die

Grenzleistungsfähigkeit des Kapitals), können Zinssatzanpassungen zum Einleiten eines neuen Wirtschaftsaufschwungs verwendet werden. Ist der Zinssatz beispielsweise zu hoch, sind Investitionen zu teuer. In diesem Fall könnte es ratsam sein, den Zinssatz zu senken; umgekehrt gilt das gleiche.

Keynes zufolge kann die Regierung mithilfe der Effekte der Liquiditätspräferenz ebenfalls das Verhältnis zwischen Ersparnissen und Investitionen in der Realwirtschaft beeinflussen und somit die Beschäftigungsquote erhöhen. Mit den „Effekten der Liquiditätspräferenz" ist gemeint, dass Experten die Präferenzen der Spekulanten vorhersehen, indem sie berechnen, mit welcher Geschwindigkeit und zu welchen Kosten die Spekulanten bereit sind, ihr thesauriertes Geld in Einkommen umzuwandeln.

Keynes ist allerdings der Meinung, dass es allgemein effizienter für einen Staat ist, mithilfe öffentlicher Bauprojekte den Multiplikatoreffekt zu nutzen, da es nicht unbedingt ratsam sei, dem Geldwert als wirtschaftspolitischem Werkzeug allzu viel Vertrauen zu schenken.

Keynes befürchtet, dass bei zu niedrigen Zinsen eine weitere Senkung dazu führen könnte, dass die Währungsbehörden in eine „Liquiditätsfalle" geraten und die Kontrolle über den Geldmarkt verlieren. Passt man sich einem zu niedrigen Zinssatz an, steigt die Nachfrage nach Spekulationsmöglichkeiten ins Unendliche, da rein spekulative Sparer – beispielsweise große Sparfonds – davon überzeugt sind, dass der Zinssatz in naher Zukunft steigen muss, und deshalb mit ihren Investitionen zunächst abwarten.

Keynes zufolge passiert während einer Finanzkrise wie der Weltwirtschaftskrise genau dies. Das Vertrauen in zukünftigen Profit verhindert neue Investitionen und damit einen Anstieg der Beschäftigungsquote auf unbestimmte Zeit. Keynes formuliert dies mit den bekannten Worten: „Auf lange Sicht sind wir alle tot"[1] („In the long run, we are all dead"[2]).

Bevor es dazu kommt, zeigt Keynes jedoch, warum es illusorisch ist, zu glauben, ein Markt

---

1. *Ein Traktat über Währungsreform*. Aus dem Englischen von Ernst Kocherthaler. Duncker & Humblot: Berlin 1924. S. 83
2. *A Tract on Monetary Reform*. Macmillan and Co.: London 1923. S. 80

könne sich effizient selbst regulieren. Zudem gibt
der Ökonom Politikern Instrumente und kurzfristige, sinnvolle Lösungswege an die Hand, um
Wohlergehen und Wohlstand der Gemeinschaft
sicherzustellen. Der keynesianische Ansatz –
wovon die *Allgemeine Theorie* lediglich einen
Teil darstellt – vertritt in diesem Sinne eine
Abwendung von der Laissez-Faire-Politik:

> Ich für mein Teil bin der Ansicht, daß ein klug
> geleiteter Kapitalismus die wirtschaftlichen
> Aufgaben wahrscheinlich besser erfüllen wird als
> irgendein anderes, vorläufig in Sicht befindliches
> System, daß man aber gegen den Kapitalismus
> an sich viele Einwände erheben kann.[3]

---

3. *Das Ende des Laissez-faire. Ideen zur Verbindung von Privat- und Gemeinwirtschaft.* 2. Aufl. Duncker & Humblot: Berlin 2012. S. 52

REZEPTION

KEYNES' *THEORIE* IN DER GEGENWART

Keynes erklärte, welch grundlegende Rolle der Staat für die Stabilität des Marktes spielt, der immer anfälliger für die massive Finanzialisierung der realwirtschaftlichen Produktionsprozesse würde.

Der Staat sei in der Lage, mithilfe seiner Wirtschaftspolitik die Bestandteile der effektiven Nachfrage so zu beeinflussen, dass sich die Wirtschaft von einer Depression erholen kann und sich stattdessen in Richtung Vollbeschäftigung der Ressourcen bzw. stabiles Wachstum bewegt:

- Durch Beihilfen oder eine geeignete Steuerpolitik könne der (sofortige) Konsum angetrieben werden.
- Programme öffentlicher Bauprojekte förderten dank des Multiplikatoreneffekts Investitionen.

- Die Geldpolitik könne Änderungen des Zinssatzes beschließen – eine Erhöhung, um Spekulationen zu vermeiden, oder eine Senkung, um Investitionen zu fördern.

Zwar können die in *Allgemeine Theorie der Beschäftigung, des Zinses und des Geldes* ausgesprochenen Empfehlungen nicht alle automatisch auf eine offene Volkswirtschaft angewendet werden. Allerdings hat Keynes dennoch das Paradoxon vorausgesehen, nach dem Spekulationen – in einer Gesellschaft mit sehr unterschiedlich verteilten Einkommen und unter Einfluss der Globalisierung – potenziell die riskante Macht haben, entweder die Quantität oder die Qualität der Investitionen zu beeinflussen. Keynes warnte davor, dass eine Finanzialisierung der realwirtschaftlichen Produktionsprozesse die Tendenz von Staaten, die Auswirkungen ihrer inneren Krisen auf andere Staaten abzuwälzen, noch riskanter macht. Aus diesem Grund verteidigte er Programme, die den Konsum fördern und Sparen unattraktiver machen, und lehnte gleichzeitig Sparmaßnahmen strikt ab.

Bei den Bretton-Woods-Verhandlungen schlug Keynes die Einrichtung einiger Institutionen zur

Regulierung des internationalen Handels vor, etwa den Internationalen Währungsfonds (IWF). Diese Institutionen wurden zwar tatsächlich ins Leben gerufen, Keynes' grundlegender Vorschlag blieb dabei jedoch unbeachtet. Dieser hatte eine internationale Währung für den Handel, den „Bancor", vorgesehen, der schwächere Staaten bei ihren Exporten unterstützen und zu hohe Exportüberschüsse der stärkeren Länder vermeiden sollte. Zur Einführung einer solchen Währung kam es allerdings nie.

Die Welt von heute und die von Keynes damals unterscheiden sich zwar stark, Parallelen zwischen der weltweiten Depression, die auf die Subprime-Krise von 2007 und die Weltwirtschaftskrise von 1929 folgte, heben jedoch die Zeitlosigkeit der *Allgemeine[n] Theorie der Beschäftigung, des Zinses und des Geldes* hervor. Heute wie damals haben eine massive Verlagerung der Wirtschaftstätigkeit auf die Finanzen und eine ungleiche Einkommensverteilung die Kluft zwischen Investitions- und Sparverhalten immer mehr verstärkt. Keynes wies bereits auf die beträchtlichen Unterschiede zwischen den verschiedenen Wirtschaftsfaktoren hin. Bei diesen handelt es sich um die Menge der (kleinen und großen) Sparer und die Finanzmärkte, auf denen der Wohlstand eines Wirtschaftssystems verwaltet wird und die Einfluss auf die Summe der im Laufe der Zeit angesparten Beträge nehmen können.

KEYNES' ERBE

Nach der Veröffentlichung von *Allgemeine Theorie der Beschäftigung, des Zinses und des Geldes* verwendeten die Vertreter des Postkeynesianismus der Cambridge-Schule – allen voran die britische Ökonomin Joan Robinson (1903-1982) – einen „fundamentalistisch" keynesianischen Ansatz zur Analyse des Marktes bei unvollständigem Wettbewerb (beispielsweise, wenn ein Monopol oder Oligopol besteht). Michał Kalecki (polnischer Ökonom, 1899-1970) und Nicholas Kaldor (britischer Ökonom, 1908-1986) versuchten gar, Keynes' Theorie mit Karl Marx' (deutscher Philosoph, Ökonom und Gesellschaftstheoretiker, 1818-1883) Thesen zu vereinen.

Als Gegenpol dazu formierte sich die Strömung der neoklassischen Schule. Deren Begründer,

der britische Ökonom John R. Hicks (1904-1989), verband Keynes' makroökonomischen Ansatz mit der Theorie des allgemeinen Gleichgewichts des französischen neoklassischen Ökonomen Léon Walras (1834-1910). Daraus entstand das bedeutende IS-LM-Modell (**I**nvestment-**S**aving / **L**iquidity preference-**M**oney supply). In den 1960er Jahren wurde das Konzept wieder aufgegriffen, um für den internationalen Handel geöffnete Volkswirtschaften zu betrachten, und von John Marcus Fleming (britischer Ökonom, 1911-1976) und Robert Mundell (kanadischer Ökonom, geboren 1932) zu dem nach ihnen benannten Mundell-Fleming-Modell erweitert.

Darauf aufbauend versuchten Vertreter der neuen keynesianischen Wirtschaft – darunter Joseph E. Stiglitz (amerikanischer Ökonom, geboren 1943) und Olivier Blanchard (französischer Ökonom, geboren 1948) – ab den 1960er Jahren, die mikroökonomischen Aspekte von Keynes' Ansatz zu verbessern, indem sie sich ausführlich mit Problemen hinsichtlich der Preis- und Lohnstarrheit beschäftigten.

Zwischen 1960 und 1970 entstanden zwei Schulen, die dem keynesianischen Ansatz widersprechen.

Die Schule der Währungstheoretiker – darunter Milton Friedman (amerikanischer Ökonom, 1912-2006) – entstand in Chicago und prangerte die Wirkungslosigkeit der Währungspolitik an. Dabei ging man davon aus, dass die Arbeitslosenquote automatisch immer wieder ihr natürliches Niveau erreiche.

Die Schule der Neuen Klassischen Makroökonomik entstand Ende der 1970er Jahre und widersprach dem Keynesianismus radikal. Ihren Vertretern zufolge – den amerikanischen Ökonomen Robert E. Lucas (geboren 1937), Neil Wallace (geboren 1939) und Thomas J. Sargent (geboren 1943) – befindet sich der Markt dauerhaft in einem Gleichgewicht, sodass sich wirtschaftspolitische Maßnahmen meist entweder gar nicht oder lediglich negativ auswirken, da Wirtschaftsakteure grundsätzlich rationale Erwartungen haben und staatliche Eingriffe voraussehen.

ZUSAMMENGEFASST

- John Maynard Keynes' *Allgemeine Theorie der Beschäftigung, des Zinses und des Geldes* erschien am 5. Februar 1936. Es handelt sich dabei in erster Linie um makroökonomische Konzepte.
- Unternehmer legen ihr Produktionsvolumen auf Grundlage ihrer Vorhersagen über die Ausgaben für Konsum und Investitionen fest.
- Aufgrund des Profits passt sich das Angebot an die Nachfrage an, da das Beschäftigungsniveau – und nicht das Produktionsvolumen – das Konsumvolumen in einem Wirtschaftssystem bestimmt.
- Ein Wirtschaftssystem tendiert nicht zur Vollbeschäftigung. Stattdessen entsteht häufig ein Gleichgewicht bei Unterbeschäftigung, das heißt ein makroökonomisches Gleichgewicht, das zwangsläufig eine gewisse Arbeitslosenrate mit sich bringt.
- Wirtschaftskrisen entstehen aus einer zu niedrigen aggregierten Nachfrage, das heißt zu niedrigen Gesamtausgaben für Investitionen und Konsum.

- Die Instabilität kapitalistischer Gesellschaften entsteht durch einen Effekt, den Keynes „grundlegendes psychologisches Gesetz" (S. 83) nennt. Es besagt, dass bei steigendem Realeinkommen der aggregierte Konsum grundsätzlich verhältnismäßig weniger zunimmt.

- Die öffentliche Hand kann das Wachstum mithilfe des Investitionsmultiplikators anregen, der das Niveau der aggregierten Nachfrage anhebt.

- Durch Zunahme der aggregierten Nachfrage schöpfen die Investoren/Unternehmer neues Vertrauen, wodurch ein Wirtschaftsaufschwung eingeleitet wird.

- Der Staat steht auf dem Kapitalmarkt nicht zwangsläufig mit privaten Investoren in direkter Konkurrenz um die Finanzierung von Investitionen.

- Das Gleichgewicht zwischen Ersparnissen und Investitionen wird nicht automatisch durch Zinssatzschwankungen sichergestellt, da es sich dabei vielmehr um den Preis des Kreditgebers handelt, für den er seine Liquiditätspräferenz aufgibt.

Ihre Meinung ist uns wichtig!
Hinterlassen Sie doch einen Kommentar auf der
Seite unserer Online-Buchhandlung
und teilen Sie Ihre Favoriten in den sozialen
Netzwerken!

DARÜBER HINAUS

LITERATURVERZEICHNIS

- Costa, Natalie; Launay, Odile: *John M. Keynes: Vie, œuvres, concept.* Ellipses: Paris 2010.

- Keynes, John Maynard: *Allgemeine Theorie der Beschäftigung, des Zinses und des Geldes (1936).* Aus dem Englischen von Fritz Waeger. Duncker & Humblot: Berlin 2009.

- Keynes, John Maynard: *Das Ende des Laissez-faire (1926). Ideen zur Verbindung von Privat- und Gemeinwirtschaft.* 2. Aufl. Duncker & Humblot: Berlin 2012.

- Keynes, John Maynard: *Ein Traktat über Währungsreform (1923).* Aus dem Englischen von Ernst Kocherthaler. 2. Aufl. Duncker & Humblot: Berlin 1997.

- Keynes, John Maynard: *Krieg und Frieden. Die wirtschaftlichen Folgen des Vertrags von Versailles.* Hrsg. von Dorothea Hauser. Aus dem Englischen von Joachim Kalka. Berenberg Verlag: Berlin 2014.

- Keynes, John Maynard: *The Economic Consequences of Mr. Churchill.* Macmillan & Company: London 1925.

- Keynes, John Maynard: *Über Wahrscheinlichkeit*

(1921). Aus dem Englischen von Friedrich M. Urban. Barth: Leipzig 1926.

- Keynes, John Maynard: *Vom Gelde (1930).* Aus dem Englischen von Carl Krämer und Louise Krämer. Duncker & Humblot: Berlin 1983.

- Roncaglia, Alessandro: *The Wealth of Ideas. A History of Economic Thought.* Cambridge University Press: Cambridge 2005.

- Wapshott, Nicholas: *Keynes Hayek. The Clash That Defined Modern Economics.* W. W. Norton & Company New York 2012.

WEITERFÜHRENDE LITERATUR

- Galbraith, John Kenneth: *Der große Crash 1929. Ursachen, Verlauf, Folgen.* Aus dem Englischen von Dr. Renate Oettinger. FinanzBuch Verlag: München 2005.

- Hankel, Wilhelm: *John Maynard Keynes. Die Entschlüsselung des Kapitalismus.* Piper: München/ Zürich 1986.

- Kahn, Richard: *The Making of Keynes's General Theory.* Cambridge University Press: Cambridge 1984.

- Keynes, John Maynard: *Essays in Persuasion (1931).* Cambridge University Press: Cambridge 2013.

- Keynes, John Maynard: *How to Pay for the War. A*

Radical Plan for the Chancellor of the Exchequer. Macmillan & Company: London 1940.Keynes, John Maynard: *Indian Currency and Finance.* Macmillan & Company: London 1913.

- Keynes, John Maynard: „The Objective of International Price Stability". In: *Economic Journal* 53 (Juni-September 1943). S. 185-187.

- Skidelsky, Robert: *John Maynard Keynes (1883-1946). Economist, Philosopher, Statesman.* Penguin: New York 2005.

- Skidelsky, Robert: *Keynes. A Very Short Introduction.* Oxford University Press: Oxford 2010.

- Skidelsky, Robert: *Die Rückkehr des Meisters. Keynes für das 21. Jahrhundert.* Aus dem Englischen von Thomas Pfeiffer und Ursel Schäfer. Verlag Antje Kunstmann: München 2009.

SCHMÖKERN
SIE SICH SCHLAU!

www.50Minuten.de